TRAHISON
DE
Raphaël MAROTO.

TRAHISON

DE

Raphaël MAROTO

ENVERS SON ROI

ET SES COMPAGNONS D'ARMES,

OU

RELATION

DES ÉVÈNEMENS QUI ONT AMENÉ LA DÉFECTION DE L'ARMÉE ROYALISTE,
VENDUE A L'ENNEMI PAR SES OFFICIERS GÉNÉRAUX.

PAR

Marcos HARRIS,
Officier a l'Escadron de Guipuzcoa.

DIEU ET LE ROI.

BAYONNE,
IMPRIMERIE D'EDOUARD MAURIN.
—
1.er Septembre 1839.

TRAHISON
DE
RAPHAËL MAROTO.

Une armée formidable qui pendant six années de guerre a donné tant de preuves de fidélité à la noble cause qu'elle défendait, vient d'être livrée à ses ennemis par son général en chef, vendue par ses officiers généraux !.....

L'on trouve peu d'exemples d'une conduite si infâme dans l'histoire des nations : aussi suffira-t-il en Europe de prononcer aujourd'hui le nom de Maroto pour désigner un traître, un homme qui, foulant aux pieds toutes les lois de l'honneur et les sentimens de loyauté, n'a pas reculé devant l'acte de la plus indigne infamie.

Les royalistes luttaient en Espagne depuis six années contre des forces innombrables; leur valeur et leur résignation avaient surmonté les obstacles, et le génie de Zumalacarrégui les avait placés sur le chemin du triomphe, qu'ils ont suivi sans relâche, jusqu'à l'arrivée dans leurs rangs de l'homme qui depuis long-temps méditait leur ruine, tramait la perte de leur roi, traitait de les livrer, après s'être emparé de leur confiance par les moyens qu'emploient toujours si habilement les hommes élevés à l'école du crime!....

... Maroto vient d'anéantir un parti qui avait mérité l'admiration de l'Europe; il vient de renverser une cause qui devait triompher si elle eût été sagement dirigée, car elle possédait des élémens invincibles, elle pouvait compter sur des défenseurs qui ont donné assez de preuves de leur fidélité, et qui ont su souffrir toutes les privations et toutes les misères pour soutenir les droits d'un prince malheureux, leur roi légitime.

En vain chercherait-on à justifier la conduite de Maroto, sa trahison est trop clairement démontrée pour que les partisans ou les amis de l'assassin des malheureux généraux fusillés à Estella puissent espérer de tromper encore l'opinion publique; son indigne conduite est trop généralement connue pour qu'ils puissent trouver des dupes.

Maroto a lâchement vendu et livré l'armée confiée à son commandement; il a aussi voulu mettre son Roi au pouvoir de l'ennemi, mais des circonstances heureuses ont fait échouer son infâme projet.

Charles V a échappé aux mains de l'assassin, pour recevoir les dernières preuves de dévouement de ses fidèles défenseurs, heureusement éloignés de la trahison, qui devait être générale selon les désirs, les œuvres de Maroto.

Charles V, depuis son entrée en Espagne, même avant la mort de son grand capitaine, fut toujours entouré d'intrigans, gens intéressés qui n'étaient venus près de sa royale personne que pour servir des intérêts privés, en usant de leur influence sur le monarque pour appuyer tels ou tels partis qui se disputaient tour à tour le pouvoir. C'est seulement à ces personnages que l'on doit attribuer aujourd'hui le malheur qui vient d'accabler Charles V, et de porter un coup si terrible à la cause légitime pour laquelle les deux tiers des habitants s'étaient compromis et sacrifiés; c'est à ces gens que l'on a dû tous les revers qui sont venus successivement accabler l'armée royaliste; c'est à eux aussi que l'on doit l'arrivée de Maroto au commandement général de l'armée!.....

Charles V avait pour cet homme trop de répugnance, trop de répulsion, pour lui confier de son propre mouvement la direction de ses affaires, car Maroto n'était pas seulement chef d'état-major général de l'armée!... Le Roi, bien certainement, ne pouvait avoir assez de confiance en cet homme pour l'élever à un poste si éminent, puisqu'il savait qu'il avait déjà tenté de le livrer une fois à Rodil en Portugal, et que sa conduite et ses méfaits l'avaient fait chasser depuis des divers emplois qu'il avait occupés dans la Péninsule!....

Charles V n'est nullement coupable ni responsable du choix de Maroto; l'on ne doit faire retomber les conséquences de cette faute politique que sur le parti étranger, qui a toujours dominé au quartier royal, et qui tramait depuis long-temps la ruine de la cause légitime, la perte de l'infortuné, du loyal Charles V, par les nombreux émissaires dont ils ont toujours entouré sa royale personne. Les véritables royalistes, les zélés défenseurs du monarque voyaient avec regret la présence de ces étrangers dans leur camp, et surtout leur coopération aux affaires les plus importantes: aussi le parti du pays, ceux qui ne désiraient que le succès de la cause par le règne de Charles V, ont-ils employé tous les moyens pour déjouer leurs intrigues; mais, moins habiles que leurs adversaires, ils ont toujours échoué, et souvent éprouvé des disgrâces, des persécutions.

C'est au parti étranger que l'on doit les désastres de l'expédition sur Madrid, la perte d'une armée formidable, qui s'est sacrifiée pour sauver la personne royale, tant de fois exposée aux plus grands dangers; c'est ce parti qui après la rentrée du monarque dans les provinces fidèles sema la discorde et la désunion dans nos rangs, fit commettre des actes impolitiques au gouvernement, et occasionna le revers de Peñacerrada, pour arriver à son but, au résultat qu'il vient d'obtenir aujourd'hui.

Les hommes d'état de Charles V auraient bien pu en plusieurs circonstances éclairer le monarque sur ces manœuvres ourdies presque ouvertement, et lui dévoiler les intrigues : étaient-ils traîtres à leur Roi? ou bien leur ineptie, leur incapacité, ou leur lâcheté, leur ont-elles fait garder le silence!.....

Ont-ils laissé ignorer au Roi les intrigues du jeune autrichien F. Lichnowski, qu'ils furent obligés de renvoyer du quartier royal et de l'armée à plusieurs reprises, et les vues du parti dont il était l'émissaire au camp de Charles V?.....

Ont-ils laissé ignorer au Roi les manœuvres de Corpas et de tant d'autres intrigans qui sont venus se mêler des affaires du gouvernement?

La conduite des ministres mérite les plus graves reproches; ils ont laissé dominer un parti qu'ils pouvaient contenir, et dont ils connaissaient les intentions coupables; ils n'ont fait aucuns efforts pour l'intérêt de la cause. Sur eux retombent toutes les fautes politiques; elles sont d'autant plus graves qu'avant d'être commises elles avaient été prévues!.....

La conduite de Maroto depuis son arrivée au commandement, dénote clairement ses intentions coupables. Il commence par employer tous les moyens pour mettre dans ses intérêts les principaux chefs de l'armée, pour s'attacher les soldats. Si l'on donne quelque gratification, il fait répandre le bruit que les fonds ont été avancés par lui : il en est de même pour les vêtemens qui sont distribués à l'armée. C'est ainsi que peu à peu il arrange ses affaires, et dispose le grand coup qu'il doit indispensablement frapper pour faire réussir son infâme projet.

Le premier pas fut marqué par les exécutions si injustes d'Estella : Maroto s'empara alors entièrement du pouvoir. Les faits qui se succédèrent sont trop généralement connus pour qu'il soit nécessaire de les rappeler.

Après la mort des braves qui avaient pendant si long-temps servi avec tant de dévouement et d'honneur leur patrie et leur Roi, après l'éloignement des hommes sages qui combattaient ses idées, Maroto resta maître du pouvoir; il donna les rênes de l'état à des hommes qui lui étaient dévoués, et qui devaient le servir en toutes circonstances; il obligea le Roi à suivre ses ordres; la personne royale ne fut plus respectée; les violences de Maroto étaient fréquentes, et personne n'osait se plaindre, car le glaive de l'assassin était toujours prêt à frapper : peut-être n'eût-il pas épargné son Roi!.....

Par l'habileté de ses agens à l'étranger Maroto a trompé tout le monde; il avait su se faire entourer d'une grande considération : personne n'a blâmé sa conduite, lorsqu'elle devait être flétrie comme celle d'un vil scélérat; il a trouvé au contraire de chauds partisans. Un jeune officier supérieur, M. Léon Belin, lui prêta l'appui de son talent littéraire, et écrivit alors sa justification; et la presse légitimiste française n'a cessé de chanter ses louanges. Sur qui fera-t-on retomber cette énorme faute?.....

La presse légitimiste dira-t-elle qu'elle a été trompée? Non, elle ne le peut point; car en telles circonstances, et surtout lorsqu'il s'agit de mettre en parallèle la conduite d'un souverain avec celle du dernier de ses sujets, il n'est point de renseignemens qui ne méritent la plus sérieuse attention, la plus rigoureuse méfiance; et, loin de là, la presse légitimiste s'est livrée à Maroto, et a approuvé ses actes de barbarie et d'injustice. Quant au chef d'escadron Belin, il était l'ami intime de Maroto, il l'a défendu de toutes ses forces, et n'a écrit d'ailleurs que sur les renseignemens et documens que lui envoya son général. Aussi, en écrivain habile, pour ne point s'exposer à une riposte, il s'est plutôt occupé de combattre la cause de l'usurpation, que de donner des explications sur des événemens que bien certainement il considérait intérieurement comme très malheureux et très nuisibles à la cause royaliste, malgré son intimité avec Raphaël Maroto.

Il faut venir en aide à cette presse si bonne, si complaisante, si facile à prendre les intérêts d'un homme tel que Maroto; il faut dire que cet homme, qui avait si bien ourdi son intrigue, comptait beaucoup sur la presse pour le défendre à l'étranger; et c'est dans ce but qu'il mit dans ses intérêts l'intrigant Auguet, que Charles V en un autre temps éleva à la dignité de baron de los Valles. Ce misérable ne recula pas non plus devant une action infâme; il trahit son bienfaiteur, son maître, son soutien, pour servir Maroto près de la presse française.

Depuis long-temps Charles V devait s'attendre à cette conduite de la part de l'aventurier Auguet. Antérieurement, il s'était immiscé dans des intrigues ourdies contre le pouvoir royal; il ne dut son pardon qu'à l'extrême bonté du Roi; qui ne voulut point même lui adresser le moindre reproche.....

Auguet plus tard a reconnu son erreur; il a vu que ses intérêts seraient gravement compromis si Maroto perdait son influence; et dès que l'étoile de ce général commença à pâlir, peu de temps avant sa trahison, il l'abandonna aussi pour retourner près du Roi!....

Aujourd'hui le cri doit être unanime dans toutes les bouches, on ne doit répéter que le mot de trahison; car l'exemple de la plus indigne félonie vient d'être donné aux nations. L'armée royaliste a été vendue et livrée par ses officiers généraux et son général en chef, par suite d'arrangemens antérieurement et solidement arrêtés: chacun d'eux a reçu le prix de l'estimation de sa division, chacun d'eux eût eu sa part du prix qui avait été désigné pour la personne royale, si elle eût été livrée!....

Malédiction sur de tels hommes répèteront partout les Espagnols de tous les partis, car ils ont lâchement trahi leur patrie, vendu leurs compagnons d'armes!...
En d'autres temps l'on en eût fait justice; mais au 19.ᵉ siècle la trahison est à l'ordre du jour, et il est des gens qui par goût changent de drapeau!.....

Depuis les événemens malheureux qui enlevèrent à notre armée leurs dignes et braves généraux, il fut facile de remarquer que Maroto dirigeait toutes les affaire du gouvernement: les véritables amis de l'ordre, les vrais défenseurs de la cause royaliste en furent effrayés; et bravant le courroux du redoutable maître des provinces Basques, ils adressèrent au Roi de vives représentations, qui furent écoutées avec bonté; ils insistèrent même pour l'éloignement du traître : mais chaque fois que Charles V a engagé Maroto à se démettre de son commandement, sa volonté royale a été méconnue, et Maroto ne craignit point en plusieurs circonstances de déclarer ouvertement que personne en

Espagne n'avait assez de pouvoir pour le lui enlever. C'est ainsi qu'il est arrivé à consommer son crime; et je lui dis hautement qu'il ment comme un infâme lorsqu'il déclare avoir plusieurs fois offert sa démission, qui aurait été refusée par le Roi : il n'a jamais eu de telles intentions; sa position d'ailleurs ne lui permettait plus d'agir ainsi, il était trop gravement compromis; trop de gens étaient dans sa confidence, et il n'avait plus grande confiance en personne. Ainsi sont toujours entre eux les misérables!.....

L'armée, jusqu'aux derniers momens, a toujours cru à la bonne foi de Maroto; c'est ce qui l'a sauvé, car au moindre soupçon il eût été mis en pièces. On ne pouvait croire à la trahison d'un général qui possédait à l'étranger une si haute réputation, qui avait déclaré traîtres et passé par les armes des généraux de l'armée nés dans ces mêmes rangs, et que n'hésitèrent point un seul instant à fusiller leurs propres soldats sur l'ordre de Maroto!.....

Cet exemple de la plus sévère discipline,

de la plus belle organisation, devait être funeste à l'armée royaliste; l'exécution de ses généraux fut le signal de sa défection.

Les ministres de S. M. Charles V avaient remarqué depuis long-temps les intentions coupables de Maroto, ils ont cherché à empêcher leur exécution; mais pour arriver à ce but il fallait frapper un grand coup, ils n'en ont pas eu le courage; ils ont reculé devant un acte violent qui devait exposer leur vie, mais qui devait aussi sauver leur Roi, sauver leur patrie! combien de gens eussent envié une mort aussi glorieuse? les ministres de Charles V, loin d'agir en hommes de cœur, d'honneur, n'ont employé que des moyens obscurs, impuissans, puisqu'ils ont permis à Maroto de consommer son crime.

Sur eux donc doit retomber la faute commise en laissant si long-temps le pouvoir aux mains du traître. Charles V, en aucun cas, ne saurait être responsable des malheurs occasionnés par cette conduite lâche, égarée; d'ailleurs n'en est-il point la première victime!.... son infortune n'est-elle pas la plus à plaindre?.....

Non, Charles V n'a jamais manqué de caractère : s'il n'a pas enlevé le commandement à Maroto, s'il ne s'est point présenté devant les bataillons pour le destituer, c'est qu'il en a été empêché par ses ministres; car en plusieurs circonstances le Roi avait résolu un acte violent, et il a en assez d'occasions prouvé qu'il était capable de le mettre à exécution s'il eût été libre de le faire. Une circonstance qui a aussi fortement appuyé Maroto, c'est qu'il s'est toujours montré ennemi des *ojalateros*, que les ministres par une faiblesse extraordinaire ont toujours soutenus, et dont ils ont autorisé la présence au quartier royal. L'aversion des troupes contre cette classe de gens était extrême, Maroto les désignait toujours comme les auteurs des privations que souffrait l'armée; car, disait-il, ils consomment quantité considérable de rations, dont le soldat manque. Il animait ainsi ses troupes, et contre ces malheureux et contre leurs protecteurs : les nombreux assassinats qui ont été commis ne proviennent que de cette aversion de l'armée contre cette classe de personnes : certes il eût été facile au ministère de se défaire de quantité d'hommes inutiles qui ne faisaient que nuire aux opérations et occasionner des dépenses considérables, mais l'attention de ces messieurs était absorbée par leurs affaires personnelles; peu leur importaient les nécessités du gouvernement.

Si lorsque le général Maroto, après la bataille de Ramalès, où il exposa ouvertement son armée, et perdit volontairement l'avantage en abandonnant ses positions, les ministres eussent voulu user avec dignité de leur pouvoir, il leur eût été facile de démettre Maroto de son commandement, car l'armée était fatiguée et mécontente de lui......

Ils pouvaient encore le faire lors de l'abandon des lignes d'Arciniega et d'Amourrio;

Plus tard également lors de l'abandon de Durango et la retraite sur Elorrio;

Mieux encore quand en cette ville Maroto, après une entrevue avec Espartero, proposa ouvertement au Roi une honteuse transaction, que le monarque repoussa de toutes ses forces, malgré les menaces qui lui furent faites!.....

Ils n'ont rien fait dans l'intérêt de la cause; ils ont laissé Maroto agir, consommer la trahison. Sur eux doivent retomber toutes les conséquences....

Lorsqu'à Elorrio Maroto proposa des conditions de transaction, il était bien persuadé que le Roi les refuserait; mais il savait aussi fort bien que les ministres n'auraient point le courage de s'opposer à ses desseins, et d'appuyer la volonté royale. Dès lors ce qui lui importait, c'était de conserver son influence sur l'armée, et d'indisposer les soldats contre le gouvernement, donner même à entendre que le Roi désirait sacrifier le pays à des exigeances outrées.....

C'est ainsi qu'il fit répandre le bruit de propositions faites par Espartero de reconnaître le Roi comme chef d'un gouvernement modéré, qui laisserait les *fueros* aux provinces, et qu'il déclara ouvertement que le Roi entraîné, conseillé par des gens intéressés, avait refusé ces propositions, à l'aide desquelles Espartero, disait-il, manquant à sa parole d'honneur, avait gagné du terrain, enlevé des positions; tandis qu'au contraire ces positions lui étaient volontairement abandonnées!

C'est à l'aide de ces mensonges répandus dans l'armée, que les chefs de divisions et brigadiers indisposaient la soldatesque contre tout ce qui était contraire aux idées de Maroto!....

C'est par leur position, qu'ils tenaient du Roi, que Simon Latorre, Urbistondo, Iturbe, et le toujours lâche Martinez (*), prirent sur leurs troupes l'influence qu'ils ont su conserver jusqu'au moment fatal, pour livrer ces mêmes soldats aux mains de leurs ennemis, en les trompant de la manière la plus indigne!.....

Ils ont levé le masque. A quoi bon parler de tels gens, qui n'ont pas craint de changer leur étendart pour celui qu'ils

(*) Martinez, jeune brigadier de cava'erie, aujourd'hui dans les rangs christinos; division de Castille.

avaient combattu pendant six années; qui ont vendu au poids de l'or leur vie politique, leurs noms, leur honneur !.....

Maroto, Urbistondo, Latorre, Iturbe, Martinez, sont des hommes infâmes qui ne méritent que le mépris, dont le souvenir en tout lieu n'excitera que l'indignation. Inutile de citer ici tant d'autres officiers supérieurs, qui ont suivi leur exemple, ils auront le même jugement dans l'opinion publique.....

Les chefs subalternes ont été indignement trompés la veille de la transaction. Bercés déjà depuis plusieurs jours par les bruits de paix et d'union, ils voulaient avant de fraterniser avec les ennemis connaître les conditions du traité. C'est encore avec de belles promesses que l'on répondit à leurs protestations, c'est par des menées indignes que l'on est parvenu à tromper leur confiance : les entrevues des parlementaires sur la route de Bergara, les fréquentes visites faites à Espartero par les chefs de provinces, n'avaient d'autre but que d'éloigner toute idée de trahison.

Ne leur a-t-on pas laissé ignorer la mission du comte de Negri?....... Leur a-t-on donné connaissance de la réponse que lui fit Maroto lorsque le comte le somma au nom du Roi de lui remettre le commandement général de l'armée? leur a-t-on rapporté ces expressions?

« Negri, si vous n'eussiez été antérieure-
« ment mon ami, j'ai en bas ma garde, je
« vous ferais passer par les armes. Allez et
« dites à D. Carlos qu'il n'a plus d'armée;...
« qu'il est trop tard; que celui qui com-
« mande en Espagne c'est Maroto, et qu'il
« a donné sa parole à Espartero pour la
« pacification!..... »

Et qu'alors Latorre ajouta avec ironie:
« Negri, dis au Roi qu'il parte au plus vite,
« car s'il m'ennuie trop je vais avec quatre
« compagnies, et je l'enferme dans une
« cage de fer, ou je le fusille!....... Je
« suis chef des Biscayens, et si Maroto re-
« tirait sa parole, moi je traite avec Es-
« partero au nom de la Biscaye!.... »

A-t-on rendu compte de ces faits à l'armée? lui a-t-on fait connaître la volonté de son roi, de son maître? Non, loin de là, elle a été trompée; et ce n'est que par de tels moyens que les traîtres sont parvenus à la livrer. Si l'armée eût connu leur conduite, soupçonné leurs intentions, ils eussent reçu à Villareal de Zumarraga le châtiment qu'ils avaient si bien mérité.

Quelle a été la surprise de l'armée, lorsque ramenée à Bergara, où l'attendaient en bataille et en tenue de gala les divisions d'Espartero, elle a entendu de la bouche du général en chef de Christine les conditions du traité, lorsqu'Espartero lui adressa cette allocution en recevant de Maroto ce baiser sceau de l'infamie!....

« Espagnols, le terme de nos maux est
« arrivé; assez de sang a été versé entre frè-
« res : aujourd'hui plus de guerre, la ban-
« nière de paix doit nous réunir tous. J'ai
« la gloire d'avoir exécuté cette grande
« œuvre avec votre secours; la patrie en
« témoignera sa reconnaissance. Aujour-
« d'hui nous sommes tous amis, plus de
« souvenirs désagréables; oublions tous le

« passé, et donnons à toutes les nations « l'exemple d'un peuple grand et géné- « reux. Compagnons d'armes, comptez sur « ma protection, sur mon appui près du « gouvernement. Soldats de toutes armes, « dès aujourd'hui nous sommes tous frè- « res, embrassez-vous comme j'embrasse « le général en chef Raphaël Maroto.

Alors Maroto s'approcha et se jeta dans les bras d'Espartero : « *Soldats : Vive la paix! Vive l'union!*...... » Ces cris furent répétés avec enthousiasme par les deux armées. « *Vive la Reine!*..... » celui-ci jeta dans l'étonnement toute l'armée royaliste; quelques cris sortirent de ses rangs!.....

L'indignation était générale; mais force était de se soumettre, car l'armée était enveloppée : tout était perdu, il n'était plus temps, nos bataillons avaient changé d'étendart!.....

Le mécontentement était marqué sur toutes les figures, les yeux étaient fixés sur Maroto, qui, morne et silencieux, paraissait souffrir, et ne pouvoir rester devant ces braves qui deux heures auparavant, sur son moindre signal, eussent anéanti toutes ces divisions bardées d'or. Sa position était terrible, aussi se retira-t-il au plutôt. Sur son passage le silence le plus profond régnait, les soldats royalistes tristes, abattus, ne voyaient alors que trop bien la terrible position que venait de leur donner leur général en chef; et les ennemis eux-mêmes déclaraient ouvertement que la trahison était indigne, quoiqu'elle leur procurât le triomphe.

La position d'Espartero était brillante; il venait de ranger sous sa bannière une armée qui l'avait battu en vingt combats, il était maître d'un pays dont il n'avait antérieurement pu s'emparer, malgré les forces considérables dont il disposait.

Tous ces avantages il les devait à la trahison de Maroto!.....

Je crois Espartero honnête homme, ennemi loyal; et je n'hésite pas à le dire, Espartero, en embrassant Maroto, obligé de le faire par les circonstances, le méprisait, car il n'était plus son adversaire.

Aujourd'hui l'armée des provinces Basques n'est plus! Ces soldats si redoutables, ces enfans de Zumalacarregui ont été vendus à leurs ennemis ou expulsés de leur territoire par les bataillons qu'ils avaient si souvent vaincus; et un seul homme, la trahison d'un infâme, a causé tant de désastres, compromis tant de familles.

Viens ici, Maroto! Viens à Bayonne jouir de ton œuvre! Viens voir en cette cité dix mille personnes implorant et recevant les secours de l'autorité française! viens voir ces braves soldats couverts de blessures et de misère, se réfugier sur le sol français! Viens entendre les femmes, les vieillards tendus sur la terre d'exil, se réveiller pour t'accabler! viens entendre les enfans encore à la mamelle parler pour te donner le nom de traître à leur Roi, à leurs parens, aux foyers qui les ont vus naître!.... Viens ici, vil assassin, lâche, misérable homme, tu jouiras du fruit de tes œuvres! viens ici, tu verras par la noble conduite des autorités françaises envers tes victimes, envers les malheureux que tu as plongés dans la désolation, que la France, cette terre généreuse, hospitalière, te maudit comme un infâme!.....

Viens ici Maroto, et si tu as encore quelques sentimens d'humanité, accablé par les remords, tu répandras en aumônes à ces malheureuses familles l'or que tu as reçu pour prix de ta trahison!.....

Non, tu n'auras pas ce courage : l'homme qui n'a pas su mourir sur un champ de bataille, qui a vilement trompé son Roi, trahi ses compagnons d'armes, est toujours accablé par le poids de son infamie. Reste sur ces lieux témoins de ton crime, et laisse là une vie qui désormais ne serait qu'amertume et dégoût!.....

Charles V, à la nouvelle de la trahison, n'a nullement été surpris; il ne devait rien espérer de mieux de la part de Maroto : il a aussitôt rassemblé le reste de ses troupes, s'est présenté à elles, et il eut la satisfaction de voir par leurs protestations de dévouement les regrets qu'éprouvaient ces braves à la vue du désastre et des dangers qui menaçaient leur Roi : tous jurèrent de lui rester fidèles et de le défendre jusqu'aux derniers momens.....

La noble fermeté du Roi les enthousiasmait; la sérénité avec laquelle il reçut ce coup terrible les décidait à mourir pour le triomphe de sa cause.....

La division Alavaise, le 5.me bataillon de Castille et les Cantabres méritent l'admiration de l'Europe; point d'excès de la part de ces braves, rien que des actions héroïques jusqu'aux limites du territoire, lors de la pénible et dernière retraite; feu et toujours feu sur les ennemis de leur Roi jusqu'à brûler la dernière cartouche. Ces hommes méritent l'estime de l'ennemi, car ils se sont conduits en véritables soldats.

Honneur à Alzàa et à Boca-negra; respect à ces braves, qui ont préferé la mort à une honteuse transaction, la plus amère infortune à une lâche et dégradante action.

Honneur à ces généraux qui ont soutenu jusqu'au dernier moment l'étendart légitime, qui ont protégé, sauvé leur roi;

ils se sont couverts de gloire : eux seuls peuvent à l'étranger passer la tête haute, car eux seuls ont suivi le chemin de l'honneur, ont compris leurs devoirs!.....

Combien de gens auraient dû suivre leur exemple, au lieu de se pavaner aujourd'hui dans les rues de Bayonne avec l'or que leur a donné Espartero, au lieu de se mêler d'intrigues, s'ils avaient su mourir sur un champ de bataille, malgré la trahison de Maroto la cause royaliste n'eût point succombé dans les provinces Basques.....

S'ils eussent suivi l'exemple d'Alzàa, de Boca-negra, de Zariatéguy, de Castor, d'Elio, et de tant d'autres honorables espagnols, Charles V n'eût pas été dans la nécessité de mettre le pied sur la terre d'exil. Que n'ont-ils été chercher la dépouille mortelle de Zumalacarrégui, et ne l'ont-ils prise pour étendart! ils auraient alors appris au trop heureux Espartero qu'à personne autre en Espagne n'appartiendra jamais le titre glorieux de duc de la Victoire.

Oui, c'est avec raison que l'opinion publique, après avoir flétri la lâche conduite de Maroto, leur demandera compte de la leur; car s'ils n'ont pas été traîtres, ils n'ont point non plus fait leur devoir....

La cause royaliste a reçu un grand échec, mais elle n'est pas encore perdue en Espagne; elle a en d'autres temps disposé de moins de forces. Le comte de Morella possède de nombreux bataillons; sa fidélité est à toute épreuve; son génie laisse des espérances. Zariategui, Castor, Iturriza, et d'autres généraux, sont restés fidèles; ils soutiendront encore dans les provinces Basques la cause de leur malheureux Roi.

Si le Dieu des armées veut faire justice, la cause de l'usurpation succombera; car elle n'a dû ses succès qu'à la trahison, et l'infortuné mais juste et bon Charles V reprendra le trône de ses pères; et si la trahison et les succès qui en ont été les suites lui ont enlevé son armée, ils n'ont pu lui enlever ses droits incontestables.

Avant de terminer j'adresserai encore de

vifs reproches aux gens qui ont entouré le Roi dans les derniers momens de son séjour en Espagne; je leur demanderai compte de leur conduite au nom de tous les royalistes : Pourquoi n'ont-ils point proposé au Roi de rejoindre Cabrera, lorsqu'il suffisait pour cela d'une faible et fidèle escorte? pourquoi encore n'ont-ils point pris eux-mêmes ce parti? ils pouvaient par ce moyen sauver la cause royaliste.

Pourquoi n'ont-ils pas fait rester en Navarre avec Zariategui le jeune prince des Asturies?....

Cette double résolution eût embarrassé Espartero, et ranimé partout l'ardeur de l'armée abattue, mais toujours prête à vaincre et à mourir.

Il leur tardait plus qu'au Roi de fouler aux pieds la terre de France; il leur tardait de mettre en sûreté cette vie que tant de fois ils avaient exposée, ces trésors qu'ils avaient amassés au détriment du pays!... Ont-ils donc oublié si vite et leur patrie et leur Roi!.....

Les soldats Alavais se sont couverts de gloire : il est de ces hommes qui, dans la retraite, arrivés sur la limite de France, sont retournés devant l'ennemi pour brûler leurs dernières cartouches. De tels faits méritent l'admiration générale !.....

L'armée carliste a trouvé sur le territoire de France une noble hospitalité, et les administrations civiles et militaires méritent tous les éloges et la reconnaissance pour leur généreuse conduite. Le Roi a été traité par elles avec toutes les considérations dues à son rang et les égards que réclamait son infortune.

Parmi les nombreux officiers faisant partie de l'armée livrée par Maroto, il en est peu qui comprirent leur position; il leur eût été facile de protester devant Espartero contre la conduite de leur général, et de demander leurs passeports. Certainement le chef de l'armée nationale eût approuvé leur conduite, et obtempéré à leur demande, comme il le fit envers plusieurs officiers que j'ai plaisir à nommer : le marquis Incisa (sujet sarde), aide-de-camp de Maroto ; Tranquilleon (sujet français), officier à l'escadron de Guipuzcoa ; Arthur de Lalande, aussi aide-de-camp de Maroto ; le brigadier Camille Moreno, Manuel de Toledo, et quelques autres. Ils auraient alors au moins justifié leurs actions. D'autres, à la première nouvelle de la trahison, ont abandonné Maroto pour rejoindre le Roi : ceux-là ont fait leur devoir !..... de leur nombre a été le toujours fidèle général Arjona.

En vue de ces faits, après de tels malheurs, hésitera-t-on un seul instant à dire que Maroto est un traître? N'est-il pas clairement prouvé qu'il a vendu et livré ses compagnons d'armes, qu'il avait l'intention de livrer son Roi? Ses amis ne manqueront point de dire pour sa justification, que sa conduite a été motivée par l'état de souffrance du pays, par la nécessité des bienfaits de la paix; mais avec tout cela ils ne prouveront point qu'il n'y a pas eu de trahison; et malgré tous leurs efforts Maroto sera flétri par l'opinion publique comme auteur du crime de lèse-majesté, et coupable de la plus infâme trahison.

www.ingramcontent.com/pod-product-compliance
Lightning Source LLC
Chambersburg PA
CBHW060903050426
42453CB00010B/1558